DISCOURS

PRONONCÉ

Par M. DE BOISLAMBERT,

Professeur à la Faculté de Droit,

A L'OCCASION DE L'INAUGURATION

DU BUSTE DE P. S. GIRARD.

Caen,

Typ. de **DELOS**, successeur de **H. Le Roy**,

Cour de la Monnaie.

—

1849.

[illegible]

[illegible]

[illegible]

[illegible]

[illegible]

Messieurs ,

Il est un sentiment de véritable patriotisme que l'on ne peut contester aux dernières années qui viennent de s'écouler.

De toutes parts se sont élevés des monuments, pour rattacher le souvenir de nos hommes illustres, soit au lieu de leur naissance, soit à celui où l'étude a développé le germe de leurs talents.

Chaque ville semblait revendiquer une partie de la gloire de ses enfants , et s'enorgueillir d'avoir fourni son contingent à cette armée de guerriers, de savants, de littérateurs, qui ont placé la France à la tête des nations.

La Normandie, la ville de Caen, ville d'étude et de travail, ne pouvaient rester en arrière quand il s'agissait d'acquitter la dette de la reconnaissance.

Depuis bien des années , grâce à l'un de ces hommes dont tous les actes sont un tribut à l'amour du bien et de la patrie , Malherbe avait sa médaille.

Ce n'était point assez : des honneurs publics étaient dus aux grands citoyens, aux savants laborieux qui ont fait rejaillir sur notre ville une partie de leur célébrité.

Le corps enseignant, son vénérable chef, donnèrent l'initiative. A l'entrée de nos écoles se dressèrent à la fois la statue de Laplace, l'immortel auteur de la mécanique céleste; et la statue de notre Malherbe, qui sut épurer la langue et qui marcha le précurseur des écrivains du grand siècle.

A quelques pas de cette enceinte, dans un édifice destiné à l'instruction par la munificence de la ville, des bustes consacrèrent la mémoire de savants, dont les studieuses veilles ont fait faire à la science de sûrs et rapides progrès.

Ce généreux mouvement ne s'est point arrêté. Sur la proposition de notre respectable recteur, le conseil académique a voulu solenniser cette séance de rentrée par l'inauguration d'un nouveau buste.

Un contemporain, un collègue des Laplace, des Vauquelin, des Collet-Descostils, des Fresnel, qui partagea leurs travaux, soit à l'institut d'Egypte, soit à l'académie des sciences, mais qui leur avait survécu à tous, vient partager les honneurs que vous leur avez décernés.

Déjà la ville de Caen avait placé, dans sa bibliothèque publique, le portrait de Pierre-Simon Girard parmi ceux des hommes qui ont illustré la cité.

La cérémonie de ce jour consacrera de nouveau une réputation péniblement acquise, justement méritée.

Je dois à la bienveillance, je dirai même à l'amitié que

voulait bien m'accorder notre savant compatriote, bien plus qu'à la parenté éloignée qui unissait nos familles, l'honneur de vous retracer les traits les plus saillants de sa vie. Tâche supérieure à mes forces , devant laquelle j'eusse reculé, si ce n'eût été pour moi un devoir de rendre à la mémoire de M. Girard ce respectueux témoignage de ma profonde vénération.

Pierre-Simon Girard naquit à Caen , le 4 novembre 1765.

Il puisa dans les enseignements domestiques une intègre probité , l'amour du travail , l'esprit de conduite et la persévérance qui le soutinrent dans les luttes d'une vie laborieuse et agitée.

Il était l'aîné de nombreux enfants n'ayant guère à attendre d'autre héritage que les fruits d'une bonne éducation, le plus précieux de tous les biens ; et un nom obscur, mais sans tache , sur lequel ils ont tous appelé la considération.

Girard vit donc , dès sa première jeunesse , que dénué de fortune, sans protection , il ne serait que ce qu'il pourrait se faire lui-même.

Après de fortes et brillantes études au collége Dubois , où se révéla son aptitude particulière pour les sciences exactes , il entra , fort jeune encore , à l'école des ponts et chaussées, que dirigeait l'ingénieur Perronet.

L'année suivante , il était attaché comme élève à d'anciens ingénieurs , et bientôt il fut envoyé auprès du savant Lamblardie , alors chargé des travaux maritimes du Havre, et qui dut à son mérite éminent d'être le premier directeur de notre belle école Polytechnique.

Guidé par ce maître habile, devenu son ami, malgré la différence des âges et des positions, Girard s'occupa spécialement de l'architecture hydraulique. Mais, au milieu de ses travaux obligés, il trouvait encore des loisirs pour continuer ses chères études; dans tout le corps des ponts et chaussées, on ne citait alors que lui, avec MM. de Prony et Chésy, comme cultivant avec distinction les mathématiques pures ou appliquées.

Bon mathématicien, sagace observateur, ne concevant les règles d'un art que comme les déductions de faits incontestés et de vérités théoriques, il cherchait, par des expériences multipliées, à trouver des résultats certains, dont il déduisait par le raisonnement ses propositions et ses formules.

C'est ainsi qu'en 1787, profitant d'un très-grand appareil construit dans le port du Havre, il commença des observations suivies sur la résistance des bois et l'élasticité des solides. Ces observations n'étaient point encore assez complètes à son gré, lorsqu'en 1790 l'académie des sciences proposa, comme sujet de concours, la théorie des écluses applicables aux ports de mer et aux canaux de navigation, et les meilleurs procédés à suivre dans la construction de ces ouvrages. Girard concourut; son mémoire obtint le prix.

Après ce triomphe, le jeune ingénieur reprend ses expériences. Il les poursuit pendant les orages de notre première révolution. Etranger aux événements politiques, homme de la science avant tout , il ne veut devoir qu'à la science ses succès et son avancement.

Enfin , en 1798, à la suite de patientes recherches , il soumet à l'Institut son traité analytique de la résistance des solides et des solides d'égale résistance. Le physicien Coulomb , le mathématicien de Prony , déclarent, dans leur rapport , « que cette production , sous le double aspect de
» l'observation et de la théorie , est ce que l'on connaît de
» plus complet sur la résistance des solides ; qu'elle con-
» firme l'opinion que l'auteur a déjà donnée de ses ta-
» lents par de savants et utiles mémoires présentés à l'a-
» cadémie des sciences ; que l'Institut , en l'engageant à
» publier son travail , doit donner des éloges au zèle sou-
» tenu et applaudir au succès avec lequel il s'occupe des
» sciences physiques et mathématiques. »

Ce rapport, que l'Institut approuve, l'importance, l'utilité du traité, riche en expériences précises et méthodiques, le rang distingué que Girard avait pris par ses travaux dans le corps des ingénieurs, ses premiers succès à l'académie des sciences, attirèrent sur lui l'attention du général Bonaparte.

Le vainqueur de l'Italie, le négociateur de Campo-Formio et de Rastadt venait d'être nommé au commandement de l'armée d'Angleterre. Mais il craignait de s'user en France, où la popularité s'acquiert et se perd si facilement. Son étoile ne brillait pas d'un éclat assez vif ; il voulait grandir encore.

Les grands noms se font en Orient, disait-il : c'est en Orient qu'il veut combattre ; c'est de l'Orient que , le front ceint d'une couronne de gloire, il devait apparaître comme le génie tutélaire de la France.

Mais il ne révèle pas tout d'abord ses desseins. Trente mille soldats, dix mille marins sont réunis dans les ports de la Méditerranée ; un armement immense se fait à Toulon. La guerre contre l'Angleterre en est le prétexte; le général, le directoire de la République ont gardé le secret sur le véritable but de l'expédition.

Libre de désigner ses compagnons, Bonaparte convoque de tous côtés l'élite des guerriers et des savants. Il pouvait choisir : tous étaient fatigués des troubles de la France ; tous étaient dégoûtés de l'impuissance de son gouvernement ; tous se sentaient entraînés vers le jeune général. Sans savoir où il allait, ils étaient prêts à le suivre et à s'associer à sa fortune.

Avec cette sûreté de coup d'œil qui ne le trompait guère dans ces premiers moments, Bonaparte distingue Girard, moins encore à cause de ses travaux passés que de ses espérances d'avenir, autant pour ses connaissances étendues que pour la vigueur et l'énergie de son caractère. Il l'appelle avec les Monge, les Fourier, les Berthollet, à partager les périls et la gloire de cette fameuse campagne d'Egypte.

C'est comme ingénieur en chef, sous-directeur des travaux publics, que Girard quitte la France.

A peine arrivé, il prend la direction d'une brigade d'ingénieurs militaires, géographes, et des ponts-et-chaussées.

Il lève le plan d'Alexandrie, de son port, et des rivages que l'armée vient de conquérir.

Cependant nos soldats s'avancent dans le désert. La bataille des Pyramides leur ouvre les portes du Caire. Cette vieille cité devient le siége du gouvernement. L'Institut d'Egypte est créé, et Girard, au moment même de la fondation, prend place dans la classe des sciences physiques et mathématiques, avec Monge, Fourier, Malus, avec Bonaparte lui-même, qui s'honore d'y siéger.

Alors commencent de vastes explorations sur cette terre antique, si riche en souvenirs, si riche en monuments, derniers débris d'une civilisation anéantie. La carte de l'Egypte est dressée, les monuments mesurés, dessinés, reproduits avec les inscriptions, les hiéroglyphes que Champollion déchiffrera plus tard.

Dans de périlleuses excursions, au prix de pénibles travaux, les savants français recueillent les matériaux du bel édifice qu'ils élèveront à la science, et qui restera le témoignage impérissable d'une courte et passagère domination.

Dans ces conquêtes scientifiques, Girard ne reste point en arrière.

L'Egypte avec sa vie, sa fécondité, sa puissance, c'est le Nil avec ses eaux, son limon, ses alluvions. Le Nil a enfanté cette contrée ; il la dispute encore aux sables du désert. C'est ce fleuve, la plus grande merveille de l'Egypte, que Girard veut étudier ; il veut reconnaître son influence sur la fertilité du pays, et préparer, comme fruit de cette étude, un système général d'irrigation.

Il remonte d'abord le fleuve jusqu'aux cataractes, là où cesse l'Egypte et où commencent déjà les déserts de la Nubie.

Il pénètre à Syène, moins connue par l'exil de Juvénal que par les observations des anciens astronomes.

Là, Strabon à la main, il commence des fouilles dans l'île d'Eléphantine, pour y retrouver le fameux nilomètre de Syène. Long-temps les recherches sont infructueuses ; mais Girard persiste avec sa constance habituelle. Enfin, au bout de sept jours, le nilomètre est dégagé des décombres qui le couvraient. Sur la paroi vers le Nil, on aperçoit gravées les échelles qui mesuraient les crues du fleuve, et fixaient l'assiette de l'impôt, déterminé dès-lors comme maintenant, d'après les espérances de la prochaine moisson.

Des chiffres égyptiens, des caractères grecs marquent les divisions. Deux inscriptions rappellent des inondations extraordinaires au temps de Septime Sévère et de l'un des Antonins.

Ces échelles se divisent en coudées. Girard remarque avec surprise que ces coudées se composent de sept palmes, et sont plus longues que la coudée naturelle. Il donne l'explication la plus ingénieuse de cette division septénaire, jusque-là inconnue ; il reprend les calculs d'Eratosthène d'Alexandrie, le premier qui ait mesuré la longueur d'un degré du méridien terrestre ; et, par une conjecture que de récentes découvertes ont rendue certaine, il justifie le célèbre astronome des grossières erreurs que lui imputent les géographes modernes.

Après cet hommage aux antiquités de l'Egypte, Girard revient à la mission spéciale qu'il s'est donnée.

De distance en distance, il mesure la vitesse du Nil à des profondeurs différentes ; il calcule le volume des eaux, soit dans les grandes sécheresses, soit dans les plus fortes crues ; il détermine l'épaisseur des alluvions, la nature des couches inférieures, les limites où les eaux souterraines s'élèvent ou s'abaissent ; il déblaie les principaux monuments érigés depuis Sésostris jusqu'aux Antonins. Arrivé à leur base, il détermine quel a été l'exhaussement séculaire du sol de l'Egypte et du lit du fleuve, et il assigne géométriquement des repères, qui, dans les temps à venir, constateront de nouveaux changements.

En même temps, Girard, fidèle à la pensée qui créa l'Institut d'Egypte, moins pour décrire le passé que pour améliorer l'avenir, comprenant qu'il faut avant tout, pour atteindre ce but, acquérir la connaissance exacte de l'état du pays, des ressources de l'agriculture, du commerce et de l'industrie, parcourt, traverse dans tous les sens les diverses provinces, interroge chaque jour les cultivateurs, les commerçants, les artistes, et réunit toutes ces enquêtes à ses propres observations.

Aussi, lorsque Kléber demande la statistique de l'Egypte, Girard, membre de la commission de l'agriculture et du commerce, présente un magnifique travail sur les diverses cultures, leurs frais et leurs produits ; sur les procédés de l'in-

*

dustrie et des arts ; sur les relations commerciales avec l'intérieur de l'Afrique et les états de l'Europe et de l'Asie. Ce savant ouvrage, qui suffirait à la réputation d'un homme, résume de précieuses recherches et dévoile des vues profondes.

Bonaparte a revu les rivages de la France, où l'appellent de plus hautes destinées. Kléber réunit les débris de l'armée, pour vaincre encore une fois dans les champs d'Héliopolis. Alors éclate la formidable révolte du Caire. Une population fanatique assiége l'Institut. Les savants, restés seuls, repoussent les assaillants. L'intrépidité, le sang-froid de Girard sont admirés dans ces lugubres scènes où le courage est la plus vulgaire des vertus.

Quelques mois plus tard, sa connaissance approfondie du pays, ses rapports avec les principaux habitants, son caractère conciliant et ferme, le font nommer commissaire du Divan. Sous ce titre, il remplit les fonctions de ministre de l'intérieur.

Kléber assassiné, les revers s'accumulent sous son inhabile successeur; les savants, découragés, cessent leurs travaux ; l'Institut ne tient plus de séances, et Girard ferme, en quelque sorte, la carrière par une remarquable dissertation sur la ville de Tentha.

L'Egypte était perdue pour nos armes ; mais la science conservait ses conquêtes. Le gouvernement ordonne l'exécution du grand ouvrage sur l'Egypte. Les savants sont rentrés en France ; réunis en Assemblée, ils désignent huit d'entre eux pour rédiger la description où l'Egypte revit avec ses temples, ses monuments, ses divinités mystérieuses, son fleuve sacré, sa langue emblématique. Girard est l'un des premiers sur lesquels le choix se porte ; et, dans cette œuvre, ses collaborateurs se nomment Berthollet, Conté, Costaz, Desgenettes, Fourier, Lancret et Monge. C'est à cette illustre association qu'est confiée la noble mission d'élever le monument qui fera la gloire de tous.

Cependant, devenu premier consul, l'ancien chef de l'armée d'Egypte, l'ancien président de l'Institut du Caire, n'avait point oublié ses collègues. Dans ses incessantes préoccupations pour l'empire qu'il va créer, il s'appuie sur les hommes qu'il a vus à l'œuvre, dont il connaît le caractère et le talent. Fourier est préfet de l'Isère. Une préfecture est aussi offerte à Girard ; il la refuse : ce n'est pas vers l'administration que sa vocation l'entraîne. « Que vous faut-il donc, lui demande le premier consul, plus surpris qu'irrité du refus ? » — « Rester ingénieur, et diriger des travaux qui profitent au pays, popularisent votre nom et me promettent quelque gloire. » Ce qu'il voulait, il l'obtint. Bonaparte le désigna lui-même pour faire le canal de l'Ourcq.

C'était une belle et grande entreprise. « Les résultats obtenus sont caractéristiques d'une époque et d'un règne, » a dit l'un des plus populaires de nos savants (M. Charles Dupin). Ajoutons qu'à Paris seulement, on connaît toute l'importance de cette œuvre.

L'eau manquait à Paris, à cette ville assise sur les bords d'un grand fleuve. Lutèce sortait à peine de l'île qui fut son berceau, que l'empereur Julien faisait construire l'antique aqueduc d'Arcueil. Mais les limites de la ville reculent, la population s'accroît, et alors les établissements religieux, l'édilité, le gouvernement s'inquiètent de nécessités plus impérieuses chaque jour. Les eaux descendent des hauteurs voisines ; la Seine s'élève péniblement dans des machines hydrauliques. C'est là que commence, dans les pompes à feu, l'emploi d'un nouveau moteur, l'eau vaporisée.

Mesures bien insuffisantes pour de si grands besoins ! Les divers appareils ne rendaient jamais les effets annoncés. D'un entretien coûteux, se détériorant avec une rapidité effrayante, embarrassant la navigation, ils ne dispensaient pas d'aller puiser l'eau au grand fleuve, pour la transporter jusqu'aux extrémités de la ville. En 1802 encore, toutes les eaux réunies produisaient à peine le quart de ce qu'exigeait la consommation.

De nombreux projets prétendaient remédier au mal ; mais ils avaient avorté, soit qu'ils fussent mal conçus ou que les ressources manquassent.

Il en était un pourtant que recommandait le nom de son auteur. Sous Louis XIV, le célèbre Riquet de Bonrepos, à qui la France doit le canal du Languedoc, avait conçu l'idée de conduire à Paris la rivière entière de l'Ourcq, qu'il allait chercher à plus de vingt lieues. Il lui ouvrait un canal navigable, qui, arrivé au faubourg St.-Antoine, devait, dans un double embranchement, côtoyer l'enceinte fortifiée vers le nord, et, réunissant la Seine avec elle-même au-dessus et au-dessous de Paris, affranchir la navigation des difficultés qu'elle rencontre dans la traversée de la ville.

Les eaux surabondantes, arrivant à un point élevé, auraient alimenté de nombreuses fontaines, entretenu des concessions particulières, embelli les jardins publics et les maisons royales, et fait à la fois l'ornement et la salubrité de Paris.

Riquet obtint des lettres-patentes qui autorisèrent les travaux. Sa mort, celle de Colbert, son puissant protecteur, en arrêtèrent l'exécution.

Mais l'idée capitale n'était point perdue : après plus d'un siècle des spéculateurs la reproduisent ; le premier Consul y voit le germe d'un bienfait public, qui fera bénir son nom par le peuple de Paris. Il s'en empare. Sur sa proposition, une loi ordonne la dérivation de l'Ourcq, et Bonaparte confie la réalisation de cette grande pensée à Girard, qu'il sait actif, prompt à concevoir, hardi à exécuter, et ferme dans ses convictions, toujours précédées d'un mûr examen.

Alors commence, pour l'homme investi d'une si haute confiance, une série de difficultés, de luttes, dans lesquelles il ne triompha que par une infatigable énergie, une héroïque persévérance.

Il avait à satisfaire à des exigences inconciliables : celles du gouvernement, et celles du conseil général des ponts et chaussées.

Le gouvernement, dans ses arrêtés, supposait des plans, des devis déjà faits, déjà approuvés ; il ne s'agissait plus que de les exécuter, et, dans deux ans, les eaux devaient arriver aux portes de Paris, en franchissant près de cent kilomètres.

Ces plans , ces devis n'existaient pas. L'ingénieur dut les faire et les soumettre au conseil des ponts et chaussées; et tandis que cette assemblée, composée de vénérables ingénieurs , à qui la célérité semblait une précipitation dangereuse , apportait à l'examen , à la discussion des projets une circonspection méthodique , une lenteur monumentale , suivant l'expression pittoresque d'un spirituel académicien , le premier Consul , connaissant mieux le prix du temps , pensait que les travaux ne marcheraient jamais assez vite. Pour contenter son impatience , des tranchées furent ouvertes , et les premiers travaux commencèrent avant la décision du conseil.

L'empressement de l'ingénieur parut un acte d'indiscipline ; et , pour quelques personnes froissées par un choix qui leur semblait léser leurs droits d'antériorité , jamais l'entreprise né perdit son vice originel.

Ces dispositions se révélèrent bientôt. Bien qu'une loi eût ordonné la dérivation de l'Ourcq par un canal navigable , que les terrassements fussent commencés sur ces bases , tout fut remis en question.

Il serait trop difficile, disait-on , de creuser des terrains dont la nature rendait les éboulements inévitables , de conduire une rivière sur le penchant de coteaux escarpés ou à travers de profondes tranchées , de remplir à la fois les conditions qu'exige un canal de navigation , et celles d'un aqueduc qui doit porter au loin des eaux salubres. Les eaux manqueraient d'ailleurs pour cette double destination. Il fallait se réduire à un simple conduit en maçonnerie, pour augmenter le volume des anciennes eaux de Paris.

Telles furent les conclusions du conseil des ponts et chaussées.

Girard ne put se résigner à substituer un plan, qui lui semblait étroit et mesquin, à l'entreprise grandiose qu'on lui avait confiée. Il prétend et il prouvera que toutes les objections reposent sur des données inexactes, des expériences incomplètes, des calculs erronés. Il provoque une discussion contradictoire ; mais ses réclamations restent sans réponse, et le rapport du conseil est adressé au chef du gouvernement. Napoléon, car l'Empire avait succédé au Consulat, veut juger par lui-même. Il visite les travaux commencés ; puis il appelle dans son cabinet Laplace, Monge et Prony. Malgré les règles de la hiérarchie, il met en présence le directeur général des ponts et chaussées et le directeur du canal de l'Ourcq. Girard obtient ce débat contradictoire qu'il avait inutilement sollicité jusque-là ; la discussion se prolonge toute la nuit avec une liberté entière. Enfin l'Empereur la résume et la termine.

« Paris, dit-il, est la capitale de l'Europe. Ce ne sont
» pas des embellissements ordinaires qui la rendront digne
» de ce nom.... Il faut qu'on puisse y arriver par eau de
» tous les côtés.... Le canal de l'Ourcq, prolongé jus-
» qu'à celui de Saint-Quentin, qui sera achevé dans trois
» ans, ouvrira une communication directe entre Paris et
» Anvers.... Les difficultés d'exécution ne doivent point
» arrêter.... J'ai vu des redoutes s'écrouler jusqu'à six fois
» de suite ; c'était l'affaire de l'ingénieur. Celui du canal

» de l'Ourcq est instruit et actif ; il ne voudra pas laisser
» sa réputation déchoir.... On ne manquera jamais en
» France de moyens d'argent pour exécuter de pareilles
» entreprises ; c'est le temps qui manque pour tout. Si
» nous n'en avions point assez pour achever le canal de
» l'Ourcq, nos successeurs le continueraient. S'ils en aban-
» donnaient l'exécution, c'est qu'ils n'en auraient pas com-
» pris l'utilité et qu'ils vaudraient moins que nous. »

Ces paroles levèrent toutes les objections ; mais le directeur du canal de l'Ourcq expiera plus tard sa victoire.

Maintenant, il a pour lui la volonté inébranlable de Napoléon. Chaque année, l'Empereur l'appelle dans ses con-
seils d'administration ; chaque année, il veut apprendre di-
rectement de lui quelle est la situation des travaux ; il veut
lui indiquer lui-même ce qu'il faut exécuter dans la prochaine
campagne.

Les bras manquent-ils ? Les entrepreneurs veulent-ils ob-
tenir des augmentations exagérées pour des travaux qu'il
faut faire à la hâte ? L'Empereur se fait rendre compte de
tout, et envoie à l'ingénieur, pour établir une utile con-
currence, un nombreux détachement, soit de prisonniers de
guerre, soit même de ses braves soldats.

Grâce à cette protection, qui ne se fatigue pas plus que le
zèle de l'ingénieur, après des efforts inouis, les travaux
avancent. Sur l'ordre de Napoléon, les eaux sont introduites
dans le bassin de la Villette, le 2 décembre 1808 : c'est ainsi
qu'il célèbre l'anniversaire du couronnement et de la ba-

taille d'Austerlitz. Dès-lors chaque fête impériale sera marquée par un nouveau progrès du canal de l'Ourcq.

Les eaux sont arrivées ; il faut les distribuer dans Paris. Girard a fait le nivellement général de la ville ; il a fouillé le sol dans tous les sens, et préparé la circulation souterraine qui doit porter l'Ourcq sur tous les points de la cité.

Un aqueduc de ceinture entourera le nord de Paris ; de grandes conduites apporteront les eaux jusqu'au centre de chaque quartier ; là des châteaux d'eau les recevront pour les transmettre à des fontaines publiques, celles-ci à des bornes-fontaines ; et enfin les eaux, diversement utilisées, se jetteront dans le fleuve par de larges égouts.

L'Empereur approuve ces projets, et veut que, le jour de sa fête, leurs premiers résultats frappent les yeux d'une population reconnaissante. Le 15 août 1809, en présence des hauts fonctionnaires du gouvernement et de la ville, aux acclamations des habitants du quartier des Halles, les eaux jaillissent en abondance de la belle fontaine des Innocents, tarie depuis un quart de siècle, et les gracieuses nayades de Jean Goujon ne seront plus désormais un emblême dérisoire.

Le 15 août 1811, à ce même anniversaire, les eaux tombent en larges nappes du château d'eau du boulevard de Bondy, construit sur les plans de Girard. De ce monument, qui cache un vaste réservoir, elles se répandent dans les quartiers populeux du Marais et du Temple ; elles sortent en gerbe du bassin de la place des Vosges, comme elles s'élanceront plus tard du jardin du Palais-Royal.

Une partie du problême était enfin résolue. Les eaux ar-

rivaient pures et saines ; elles dépassaient le strict néces-
saire. Les travaux achevés , la navigation pourvue , le canal
fournirait encore un volume quarante fois supérieur à celui
des anciennes eaux ; un vingtième suffirait aux usages de la
vie ; le surplus resterait pour la salubrité et l'embellisse-
ment.

Mais la navigation serait-elle jamais possible? On en dou-
tait encore , lorsque, le 15 août 1813 , au bruit de l'artil-
lerie , en présence de l'édilité , un convoi de bateaux dé-
bouche dans le bassin de la Villette ; il apporte à la grande
ville le tribut d'approvisionnements qu'elle lève sur la contrée que traverse le canal , et qu'il vient de rattacher plus
étroitement à Paris.

Mais l'Empire s'écroule , Girard a perdu son unique ap-
pui ; ses adversaires se réveillent ; les dépenses faites , les
travaux presque achevés , les résultats obtenus , rien ne les
arrête. Ils ressuscitent leur ancien système , et , condam-
nant tout projet de navigation , ils prétendent réduire à une
simple rigole ce qui reste à faire du canal.

Une commission spéciale est formée pour examiner toutes
les questions , comme si jamais elles n'avaient été traitées ,
jamais résolues.

Avant qu'elle n'ait commencé son travail, les Bourbons
sortaient de France, Napoléon rentrait à Paris. Au milieu
des préoccupations qui l'assiègent, des préparatifs de la
guerre dont il va tenter les chances, malgré l'épuisement
des deniers publics, il ordonne de reprendre les travaux du
canal. Il y affecte 1,200,000 francs pour l'année 1815, et

malgré les objections du directeur général, il nomme au grade d'inspecteur divisionnaire Girard, qui, depuis dix-sept ans, n'avait sollicité, n'avait obtenu aucun avancement, satisfait qu'il était d'attacher son nom à une grande et utile entreprise, et se croyant assez récompensé par la haute approbation du grand homme.

La guerre éclate; Napoléon veut préserver Paris d'une seconde invasion. Girard, convoqué au comité de défense, avec les généraux du génie Haxo et Rogniat, fait exécuter sur les bords du canal des retranchements et des redoutes, que Waterloo rend inutiles.

Après cette immense catastrophe, le directeur du canal de l'Ourcq perd son grade d'inspecteur divisionnaire. Dans le malheur public, il oublie ses prétentions personnelles. D'ailleurs, l'Institut venait de l'élire membre de la classe des sciences physiques et mathématiques. Son admission dans ce corps illustre le console de la perte d'un titre qu'il n'avait point ambitionné.

Ce qu'il désirait par-dessus tout, c'était le triomphe de ses idées, la réussite de ses plans; il conservait la direction de l'œuvre qu'il avait commencée et l'espérance de l'accomplir.

En effet, après deux années, la commission, nommée en 1814, avait fait son rapport. Elle admet en principe que le canal sera navigable et conservera sa double destination. A part de légères modifications, les plans primitifs sont adoptés, et les commissaires déclarent que, s'il reste beaucoup à faire, le directeur du canal de l'Ourcq a déjà fait beaucoup plus encore, et qu'on ne peut trop le plaindre d'avoir rencontré des obstacles de toute nature, aussi difficiles à prévoir qu'à éviter.

Cet acte de justice n'annonçait point une prochaine disgrâce. Cependant Girard est informé que la direction des travaux lui est retirée. Elle sera remise à un fonctionnaire du grade que la Restauration lui a enlevé ; mais il a l'option ou de se mettre sous les ordres de l'inspecteur divisionnaire qui terminera le canal, ou d'être chargé de tout autre service, avec son titre d'ingénieur en chef.

Si l'on avait cru que, cédant aux mouvements de l'amour-propre blessé, Girard aimerait mieux exercer au loin le grade dans lequel on le reléguait que d'accepter une position secondaire, on s'était mépris sur la noblesse de son caractère. Elle se déploie dans sa réponse au directeur général. « Ingénieur en chef depuis dix-neuf ans, il a sacrifié » son avancement, son repos, au succès d'une utile entre- » prise. Son œuvre touche à sa fin; il y consacrera, dans quel- » que grade que ce soit, l'expérience qu'il a péniblement ac- » quise; et plutôt que de déserter le poste qu'il a défendu » pendant seize années, il acceptera une place d'ingénieur en » chef; il accepterait, s'il le fallait, une place d'ingénieur or- » dinaire dans la nouvelle organisation des travaux. » Girard, dans sa légitime fierté, sentait bien que, quel que fût son titre, il remplirait toujours la première place.

Mais deux années de disette, les charges d'une double invasion avaient tari les ressources. Les travaux languissent et s'arrêtent ; la ville de Paris redoute les incertitudes de l'avenir.

L'ancien directeur du canal de l'Ourcq ne perd point courage. Ce que la ville, ce que le gouvernement craignent de faire, une compagnie le fera.

Par ses soins, par ses démarches, par ses instances, la compagnie se forme, s'organise. Certain de la réussite, il pénètre de sa conviction des spéculateurs craintifs, des capitalistes qui ne veulent rien hasarder ; car il ne veut d'autre rémunération de son concours qu'une faible part dans les bénéfices de l'avenir. La compagnie se décide à supporter les chances de l'exécution; dans quatre ans, elle terminera tout à ses risques et périls. Une loi sanctionne ces offres, et, au délai fixé, les trois canaux de l'Ourcq, de St-Denis, de St-Martin, sont livrés à la navigation. Alors Girard, l'âme de cette grande œuvre, s'écrie avec un juste orgueil :

Exegi monumentum !

Il obtenait enfin le prix de ses veilles, de ses luttes continuelles, de sa longue abnégation. Pour lui la renommée; pour ses enfants l'espoir d'un glorieux patrimoine.

Le temps a justifié toutes ses prévisions, et maintenant il faut bien rendre hommage à la persévérance éclairée, courageuse, que l'on avait long-temps blâmée comme une aveugle et opiniâtre obstination.

Aussi n'eut-il point de peine à faire approuver son projet du canal de Soissons, complément du canal de l'Ourcq, et qui devait relier Paris à Anvers et à Rotterdam.

Directeur des eaux de Paris, il avait continué ses projets, ses plans, ses travaux pour la conduite des nouvelles eaux et l'assainissement général de la ville.

Il venait d'être admis à la retraite en 1831 et nommé en même temps officier de la Légion-d'Honneur, lorsqu'il fut appelé par la reconnaissance publique au conseil municipal de Paris et au conseil général de la Seine. Il put y rendre encore de fréquents et utiles services.

« Ne dissipez pas le temps, répétait-il après Francklin, car la vie en est faite. » Cette maxime fut toujours sa règle. Pour lui, point de délassements stériles. Au milieu de ses travaux il publiait de nombreux écrits. Savant physicien autant qu'habile ingénieur, il avait construit pour la maison du Roi une des premières usines d'éclairage par le gaz.

L'académie des sciences, la société d'agriculture, la société d'encouragement, la société de géographie, la plupart des sociétés savantes de la capitale le comptaient parmi leurs membres les plus zélés. Ses mémoires, justement estimés, sur les questions les plus variées de physique, de mécanique, de constructions civiles, d'architecture hydraulique et d'économie politique, forment plusieurs volumes. Les hommes de la science distinguent surtout ses ingénieuses recherches sur le mouvement des fluides dans les tubes capillaires, et ses rapports à l'académie sur le mémoire du célèbre Cachin, concernant la digue de Cherbourg, et sur les découvertes de Vicat pour la fabrication de la chaux hydraulique ; découvertes importantes, qui, ces dernières années, méritaient à leur auteur les honneurs d'une récompense nationale.

L'âge n'avait point ralenti l'ardeur infatigable de Girard ; et quand, au mois de novembre 1836, la mort vient attein-

dre ce noble vieillard au terme d'une longue carrière, glo-
rieusement parcourue, l'académie des sciences s'écrie sur
la tombe entr'ouverte : « Notre savant collègue n'avait que
soixante et onze ans ! » En effet, la durée de l'existence hu-
maine était trop courte pour tant d'écrits, d'actions et de
travaux.

Et pourtant les devoirs du savant, de l'homme public, ne
faisaient point négliger ceux du père de famille, du parent,
de l'ami. Rendant à sa femme et à ses enfants en tendresse
affectueuse ce qu'il en recevait en pieuse vénération, Girard ne rapportait jamais au foyer domestique, même aux
temps où sa vie était le plus vivement agitée, le plus amè-
rement abreuvée de contrariétés et de mécomptes, qu'un
front calme, qu'une douce gaîté et qu'une inépuisable bienveillance.

Mais je m'arrête. Heureux de rencontrer unies au mérite
ces modestes vertus qui laissent derrière elles de longs et
doux souvenirs, je ne dois point oublier que c'est au savant
que s'adressent nos hommages.

Cette cérémonie solennelle est un enseignement précieux
pour la jeunesse de nos écoles. Comme tous les hommes
célèbres dont vous avez honoré la mémoire, Girard ne dut
rien au hasard de la naissance, à l'opulence paternelle,
aux accidents des commotions politiques. Il s'est élevé par
la vertu, le talent, le travail, la persévérance, qui seuls
peuvent donner de durables et légitimes succès.